調べてまとめる！

仕事のくふう ④

楽しいくらしをつくる仕事

ホテルスタッフ　美ようし　洋服屋さん　など

監修：岡田博元（お茶の水女子大学附属小学校）

調べてまとめる！

仕事のくふう④ もくじ

この本に出てくるキャラクター　みんなと仕事を見学する3人のなかまだよ。

ハルナ
仕事に使う道具や服、せつびなどを知りたいんだって。

ダイチ
お客さんへの心づかいやサービスにきょうみしんしん！

ユウマ
仕事をしている人のワザに注目しているよ。

この本の使い方

この本では、6つの仕事のくふうをしょうかいしているんだ。
みんなが実さいに見学に行ったり、
調べたりするときに、役に立つポイントがたくさんあるよ。

① 仕事の現場へGO！きみは何に気づくかな？

見学に行った仕事の名前。

ハルナさん、ダイチさん、ユウマさんがそれぞれ知りたいこと。

教えてくれた人やほかのスタッフが、一日の中でどんなことをしているのか、主なれいをしょうかいするよ。

3人が気づいたこと、ふしぎに思ったことだよ。

② 仕事をしている人へいざしつ問！

知りたいことをもとに、実さいにしつ問をしているよ。

くふうについて、くわしくしょうかいしているよ。

その仕事の中の、ある作業について、それをやりとげるまでの流れだよ。

③ その人ならではのくふうまで聞きだそう！

くふうについてさらにしつ問しているよ。仕事をしている人のこだわりや心がけていることがわかるんだ。

見学したあとの3人の感想だよ。

どんな仕事があるかな？

みんなの楽しいくらしをつくっている仕事をさがしてみよう。
「仕事マップ」をつくって考えてね。

ステップ
① 思いだしてみよう！

どんな仕事があるかさがすために、たとえば
記おくにのこっているできごとを思いだしてみよう。

ぼくは
楽しかったできごとを
思いだしてみるよ！

さいきん、いんしょうに
のこっているできごとは？

楽しいときって
どんなとき？

記ねん日に
どんなことをした？

むちゅうになっている
習いごとは？

家族の大事な
思い出はあるかな？

家ぞくはどんなときに
えがおになる？

ステップ
② 図にしてみよう！

いよいよ「仕事マップ」づくり！ 「楽しかったこと」をまん中にして、
かかわりのある仕事をどんどん書きだしていくよ。

行ったあと、お母さんがうれしそう！

美よう室 — 美ようし

メモをのこし
てもいいよ。

楽しかった
こと

週に1回通っている

体そう
スクール — スポーツ
インストラクター

まん中に「楽しかっ
たこと」と書いて丸
くかこむ。

線でつなげる。

仕事にむすびつかなく
ても思いだしたことを
書いて丸くかこむ。

仕事にむすびつ
いたらちがう色
で丸をかこもう。

③ 仕事マップができた！

楽しかったことを中心にいろいろな仕事を思いだせたよ！

楽しかったことにむすびつく仕事

トリマー

ホテル
スタッフ

カメラマン

ペットの
トリミングサロン

家族旅行でとまったよ！

ホテル

記ねん写真をとってもらった！

写真
スタジオ

スポーツ
インストラクター

楽しかった
こと

週に1回通っている

体そう
スクール

おぎさんにプレゼントを買ってもらった！

ざっか屋さん

妹が通っている

ピアノ教室

ピアノの先生

妹のお気にいり

行ったあと、お母さんがうれしそう！

洋服屋さん

美よう室

美ようし

ぼくは美よう室の
ことを知りたいから、
美ようしの
仕事を調べよう！

ホテルスタッフ

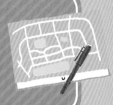

知りたいことを
見つけよう!

教えてくれるのは
平田さん

東京を代表するホテル「帝国ホテル」のコンシェルジュ。

せつめいしながら、
ペンで
書いているよ。

地図を見せて
せつめいして
いるね。

知りたいこと 1

どんなものを
使うのかな?

ホテルには、受けつけをする人、部屋を整える人など
大ぜいのスタッフがいて、それぞれいろいろな仕事をしているよ。
その中でも、道あんないからチケットの手配まで、お客さんの
相談にこたえる「コンシェルジュ」のくふうを見つけてみよう。

知りたいこと2

相談されやすくするためにしていることってあるのかな?

えがおが
すてきだね!

せい服がビシッと
決まっているよ!

何かを見ながら
相談に
こたえているよ。

知りたいこと3

どんな相談をされているのかな?

一日の流れ

① 午前8:30
前のスタッフから
引きつぎ

→ 8:45
お客さんの
じょうほうの
かくにん

↓ 11:00
お客さんへの
ごあんない

← 午後1:00
ほかのスタッフに
引きつぎ

↓ 2:00
事む所で
メールを
返す

← 5:15
お客さんへの
ごあんない

次のスタッフと
交代しておわり!

7

ホテルスタッフの くふうを教えてください

使うもののくふう

知りたいこと1
し

**どんなものを
使いますか？**
つか

コンシェルジュのデスクにあるパソコンを使って、お客さまのじょうほうをかくにんしながらお話を聞きます。レストランや観光についての相談が多いので、地図もかかせません。ペンでしるしをつけてわたしています。

お客さんに見せる用
きゃく み よう

コンシェルジュ用
よう

パソコン
お客さんに見せる用
きゃく み よう
と、コンシェルジュ用の2台を使う。
よう だい つか

地図
ちず
ホテル近くのくわしい地図や、持ちはこびできるガイドブックを使う。
ちか ちず も つか

油せいペン
ゆ
油せいなら、雨でにじんだり、こすれて服をよごしたりしない。
ゆ あめ ふく

服
ふく
しわのないせい服が身だしなみのきほん。
ふく み

きちんとみがいたくつ。

お客さんの相談に
きゃく そうだん
こたえるまで
\ を教えてください！ /
おし

**お客さんが
デスクに来る**
きゃく

相談を受ける
そうだん う

チェック1

**きぼうを
くわしく聞く**
き

チェック2

チェック1
「お店を教えて」「プレゼントを買いたい」など、お客さまの相談はさまざま。国せきもいろいろです。
みせ おし か
きゃく そうだん
こく

外国人のお客さんとは、外国語で話すんですね。すごい！
がいこくじん きゃく
がいこくご はな

チェック2
食事の相談なら、食べたいものや、行くときの人数などを聞きます。
しょくじ そうだん た
い
にんずう き

お客さんが相談しやすいふんい気にするコツは？

お客さまのほとんどは、はじめて会う人です。お客さまに安心して相談してもらいたいので、はじめのいんしょうが少しでもよくなるように、えがおを心がけています。

えがおで安心してもらう

口の両はしをきゅっと上げるのがポイント。えがおの人になら、お客さんも安心して相談できる。

身だしなみを整える

身だしなみがきちんとしていると、相手が安心する。全身がうつるかがみでかならずかくにん。

ワザのくふう

リストをつくる

レストランのじょうほうをまとめて、リストにしている。これがあれば、お客さんから相談を受けたときにすぐにかくにんできる。

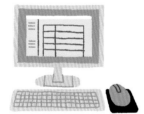

レストランに行く

実さいに足を運んで、ふんい気や味をかくにん。レストランの人と顔と顔を合わせて話しておけば、しんらいかんけいもできる。

どんな相談が多いですか？

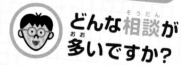

一番多いのは、「こんなレストランに行きたい」という相談です。お客さまがまんぞくできるお店をしょうかいできるように、コンシェルジュみんなでレストランのリストをつくっているんですよ。

お店のこうほをえらびつたえる

お客さんがお店をえらぶ

お店を予やくする

チェック3

予やくの内ようをいんさつする

どうぞ！

よく聞いて、お客さんのきぼうに合ったレストランをさがすんですね！

チェック3 アレルギーや苦手な食ざいがあるお客さまなら、予やくのときにレストランにつたえます。

日本語が話せないお客さんも、安心して食べられますね。

9

自分だけの
くふうを教えてください

もっと教えて！

お客さんとは、どんな話をしますか？

お客さまとはせいじやスポーツなど、さまざまな分野の話をします。ですから、はば広い知しきがひつよう。わたしはこまめにニュースをチェックし、なんの話になっても「まったく知らない」ということがないようにしています。お客さまには、会話を楽しんでいただきたいですから。

せいじ

えーっと……。

いつどんな話になってもいいように……。

げいのう

けいざい

げいじゅつ

スポーツ

○○がゆうしょう！

へえ〜。

日本のことだけでなく、外国のことにもきょうみをもっておく。

もっと教えて！

むずかしい相談はありますか？

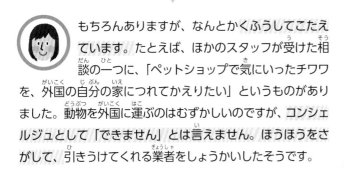

もちろんありますが、なんとかくふうしてこたえています。たとえば、ほかのスタッフが受けた相談の一つに、「ペットショップで気にいったチワワを、外国の自分の家につれてかえりたい」というものがありました。動物を外国に運ぶのはむずかしいのですが、コンシェルジュとして「できません」とは言えません。ほうほうをさがして、引きうけてくれる業者をしょうかいしたそうです。

もっと教えて！

とく意なことは なんですか？

わたしは食べることがすきなので、レストランのじょうほうには自しんがあります。このホテルには14人のコンシェルジュがいますが、それぞれがとく意分野をもっているんですよ。たとえば、しばいを見るのがすきなスタッフは、「こんなおしばいが見たい」などの相談にこたえるのがとく意。それぞれが知しきとけいけんを生かし、協力してお客さまのきぼうにこたえています。

しばいのことなら
なんでも聞いてください！

レストランのじょうほう
ならわたしに！

お子さまに
かんすることは
おまかせを！

思ったこと・考えたこと

コンシェルジュの女性のせい服は、えり元でむすんだリボンがおしゃれで、とてもすてきだったよ！　わたしも着てみたいな。

人と話すのがすきな人に向いているみたい。お客さんの話をよく聞いて、きもちをくみとって助ける仕事なんだね。

いろいろな相談を受けるから、いろいろな知しきがひつようになるんだね。さらにとく意な分野があると、その人の強みになるんだって。

仕事ファイル 02
美ようし

知りたいことを見つけよう!

教えてくれるのは

矢野孝幸さん

美よう室「HAIR en」の店長。美ようしになって20年いじょう。

どんなふうに練習しているの?

いくつもはさみを持っている!

お客さんに飲みものを出しているよ!

 知りたいこと1

どうしてかみを上手に切れるの?

 知りたいこと2

どんな道具を使うんだろう?

かみを切ったり、パーマをかけたり、
かみがたを整えてくれる美ようし。美よう室には、
みんながおしゃれを楽しむためのくふうがあるんだ。

知りたいこと3

お客さんが
きもちよくすごせる
くふうは？

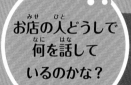
お店の人どうしで
何を話して
いるのかな？

お客さんが
ざっしを
読んでいるね！

一日の流れ

午前8:00
シャンプーや
カットなどの練習

9:00
開店の
じゅんび

9:30
打ち合わせ

10:00
開店

10:15
お客さんの
かみのカット

午後7:00
そうじ

お店を閉めておわり！

13

美ようしの くふうを教えてください

ワザのくふう

かみを上手に切る ためにしている ことはありますか?

お客さんのきぼうをかなえる 力を身につけるために、開店 前にわかい美ようしが練習す る時間をつくっています。また、一人の お客さんに対して何人ものスタッフが分 たんして作業することもあるので、チー ムワークもひつようです。

スタッフどうしで練習

練習の時間をつくり、先ぱいが 先生役になって、後はいへシャ ンプーやカットなどのやり方を 教えている。

こまめに声をかけあう

たとえばカットとシャンプーはべつのスタッフがたん当するため、声をかけあっ てお客さんのじょうほうを正かくにつた える。

こうやって切ると かみがいたまないよ。

はだが弱い そうなので、しげきの 少ないパーマえきを 使ってください!

はい!

カットの流れ を教えてください!

お客さんの きぼうを聞く

シャンプーを する

チェック1

かみがぬれたまま 大まかにカットする

チェック2

チェック1

「これからシャンプーをしま す」など、かならず声をかけ ながら、作業を進めます。

何をするかわかる と、お客さんも安 心できますね。

チェック2

ぬれていると、まっすぐ きれいに切れます。まと めて切れるので早いです。

知りたいこと2

使う道具を教えてください!

はさみやくし、ブラシは、いろいろなしゅるいを用意して、かみのようすや切る場所によって、いくつも使いわけます。一人ひとりに合わせて道具をえらぶことが、かみを思いどおりに仕上げるポイントなんですよ。

使うもののくふう

はさみ

細かい所を切る、かみをすいて軽くするなどの目的に合わせて使う。

くし・ブラシ

はばや、目の細かさ、毛のしゅるいがちがうものを使いわける。

よく使うはさみはすぐに取りだせるようにケースに入れて、こしにつける。

お客さんへのくふう

ざっしや飲みものを出す

ざっしを読んだり、飲みものを飲んだりしながら、くつろいですごせるようにする。

お客さんのすきなことを記ろく

かみがただけではなく、すきなことなども記ろくしておく。次に来たときに、会話がはずむようにする。

○○さんは
山登りが
しゅみで……。

知りたいこと3

お客さんがゆったりすごせるくふうはありますか?

かみがたによっては、仕上げるまでに時間がかかることもあるので、たいくつさせないように気をつけています。しゅみの会話を楽しんでもらったり、飲みものやざっしで気分てんかんしてもらったりしているんですよ。

かみをかわかして細かい所をカット

ぬれたままでまとめて切り、かわかしてから細かい所を切るんですね!

ドライヤーをかけて仕上げる

チェック3

かみをカールさせるか、まっすぐ仕上げるかで、使うブラシもちがうんですよ。

お客さんにかみがたを見てもらう

おにあいです!

仕上げ方に合わせて道具をえらぶ力もひつようなんですね!

自分だけの くふうを教えてください

もっと教えて！

なぜお客さんと会話しながら**作業する**のですか？

お客さんにまんぞくしてもらうには、その人のきもちを理かいすることが大切です。会話の内ようはもちろん、仕草や表情をよく見ることで、しぜんとお客さんのきぼうや、かみについてのなやみを引きだせるんですよ。

わたし、朝が弱くて起きるのがたいへんなんですよ。

時間がなくても、まとまりやすいかみがたにしましょうか？

いかがですか？

あれ？ 表情がくもっているな……。

もう少し短くしましょうか？

もっと教えて！

かみがたはどうやって**決める**のですか？

お客さんのきぼうにくわえ、その人のかみのくせや、顔や頭の形、身長や服そうなど、さまざまな部分を見て、にあうかみがたをアドバイスします。お客さんと話しあいながら、いっしょに一番にあうかみがたを見つけていくのは、やりがいがありますね。

かみのくせは？

身長は？

顔の形は？

服そうは？

ぎじゅつのほかに勉強していることはありますか？

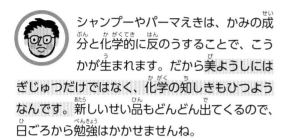

シャンプーやパーマえきは、かみの成分と化学的に反のうすることで、こうかが生まれます。だから美ようしにはぎじゅつだけではなく、化学の知しきもひつようなんです。新しいせい品もどんどん出てくるので、日ごろから勉強はかかせませんね。

じまんのワザはありますか？

わたしはお客さんのかみの生え方や毛の流れをよく見てカットをすることに力を入れています。身近な人に見せてもらうとわかると思いますが、かみの毛の生え方は一人ひとりちがうんですよ。それぞれにぴったり合うようにカットをくふうするうちに、お客さんからは、よりいっそうまんぞくしてもらえるようになりました。

ここのはねをおさえるようにカットしよう。

思ったこと・考えたこと

美ようしさんに、仕事などのなやみごとを相談するお客さんも多いんだって。かみを切りながら、ていねいに話も聞くんだね。

きれいになった自分を見て、お客さんはみんなうれしそうだったよ。それを見ると、矢野さんもとてもうれしくなるんだって！

水やお湯を長い時間さわっているから、手があれることもあるんだって。仕事には、やりがいもあるけど、苦ろうもあるんだね。

トリマー

知りたいことを
見つけよう!

教えてくれるのは
二村陽子さん

犬専用のトリミングサロン「HONDE HOK」のオーナー。トリマーになって15年。

犬をよく
見ているね!

いろんな
しゅるいの
シャンプーがある!

DOG

なんの
道具かな?

知りたいこと1

トリミングって
何をするの?

犬やネコの美ようしとして、トリミングをするトリマー。
実は見た目だけじゃなく、犬のけんこうをまもったり、犬と
かい主さんのかんけいをよくしたりするくふうをしているよ。

おさんぽ
練習会

何を話して
いるのかな？

知りたいこと2

かい主さんと
どんな話を
している**のかな？**

いろいろな
道具があるよ！

知りたいこと3

人のかみを切る美よう室と
道具はちがうのかな？

午前 **10:00**

どの犬をたん当
するか打ち合わせ

10:10

開店の
じゅんび

10:30

開店して
1組目のトリミング

午後 **2:00**

2組目の
トリミング

4:30

閉店

6:30

そうじ

お店を閉めておわり！

19

トリマーの
くふうを教えてください

ワザのくふう

トリミングって なんですか？

主に犬のシャンプーや毛のカットをして、美しくせいけつにすることです。ただ、それだけでなく、犬の皮ふなどのようすを見て、けんこうをかくにんしたり、かい主さんのこのみや生活のようすに合ったカットをしたりと、細やかなワザがひつようです。1ぴきあたり2～3時間かかるんですよ。

1ぴきずつ あらい方をかえる

犬の毛の長さや皮ふのじょうたいは1ぴきずつちがう。犬によって、シャンプーのしゅるいやあらう回数をかえる。

クレンジング

ほしつ用

薬用

これにしよう！

かい主さんのこのみを聞く

かい主さんのこのみや生活のようすなどをたずねてからカット。体の部分によって仕上がりをかえることも。

足元ふわふわ 顔すっきりで！

はい！

ふわふわ！

すっきり！

トリミング の流れ を教えてください！

かい主さんの きぼうを聞く

つめ切り、耳そうじ、 足うらと全体の毛のカット

チェック1

シャンプーを する

チェック1 毛や皮ふのじょうたいを見ながら、いたがる部分はないかなどをかくにんします。

きれいにするだけじゃなく、けんこうじょうたいも見ているんですね！

チェック2 年を取った犬の場合は、体がひえないように、おなかからかわかすなどくふうしています。

知りたいこと2

かい主さんと どんな話をしていますか?

犬のけんこうじょうたいや、その犬に合ったケアの仕方をつたえます。家でのケアに犬がなれれば、お店でもこわがらずにケアを受けられるようになるんですよ。

かい主さんへのくふう

気になることはすぐお知らせ

気になることがあったらその場でケアをして、かい主さんにつたえることで、日ごろから注意するきっかけに。

皮ふがかさついていたのでクリームをぬりました!

家でのケアをサポート

その犬に合ったケアの仕方をつたえて、家でもかんたんにケアできるようにする。

つめ切りより、やすりがおすすめですよ!

やってみよう!

使うもののくふう

はさみ

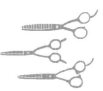

しゅるいは大小さまざま。カットする場所や、目的に合わせて使う。

スリッカー

ぬけ毛を取ったり、もつれや毛玉をほぐしたりする。

服

お店オリジナルのTシャツと、動きやすいズボン。

はさみやくしを入れておくケースをこしにつける。

知りたいこと3

どんなものを使いますか?

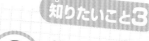

動物用のはさみやくしを使います。一つの道具でも、犬のしゅるいや体の調子、毛の長さや、整える場所、その犬のこせいなどに合わせてなんしゅるいも使いわけています。ぴったりの道具をえらぶことで、むりのないケアができるんですよ。

ドライヤーでかわかす

チェック2

はさみやバリカンでカットする

チェック3

仕上がりをさつえいし、記ろくにのこす

パシャ!

おりこうに\できたね!/

犬の年れいも考えてトリミングするんですね!

チェック3
カットするとき、台の上で動きすぎないように、ひもで犬をつなぎます。けがには十分に注意しています。

刃物を使うときもあるから、気をつけているんですね。

21

自分だけの
くふうを教えてください

もっと教えて!

犬を落ちつかせるための
くふうはなんですか?

犬のきもちを大事にしながら声をかけたり、ストレスのかからないやり方をさがしたりすることです。犬は話せませんが、仕草や鳴き声できもちを表します。それを見きわめて、あせらずに犬のペースに合わせることが大切ですね。

＼ ぶんぶん ／

はしゃいでる!
落ちつかせるために、
声かけはひかえよう。

鼻をなめているなぁ。
きんちょうしているみたい。
やさしく声をかけよう。

＼ ぺろぺろ ／

＼ ぶるぶる ／

こわがっているみたい。
しげきが少ない道具から
使ってみようかな。

＼ そわそわ ／

トイレかな?

もっと教えて!

かい主さんに
「また来たい!」と
思ってもらうために
していることは
ありますか?

話をていねいに聞き、きぼうに合わせています。たとえば「しっぽを丸く」というきぼうでも、かい主さんと丸のイメージがずれていないかたしかめるために絵にかいてかくにんすることも。犬にとってくらしやすく、かい主さんにとってはみりょく的に仕上げられるかが、うでの見せどころです。

どちらの
イメージですか?

これで!

もっと教えて！
お気にいりの道具は ありますか？

長さをはかれる目もりがついたくしです。実は人間用の道具なんですが、これを使うと毛の長さをはかりながら切れてとてもべんりなんですよ。動物用や人間用にこだわらず、いいものを見つけたら、どんどん取りいれたいですね。

べんり！

もっと教えて！
トリミングいがいの くふうを教えてください！

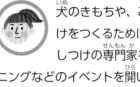
犬のきもちや、こせいに気づいてもらうきっかけをつくるために、おさんぽの練習会や、犬のしつけの専門家をまねいた毎月のドッグトレーニングなどのイベントを開いています。かい主さんと犬の間に立ち、よりよいかんけいをきずく手つだいをするのもトリマーの仕事の一つです。

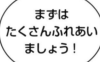
まずは たくさんふれあい ましょう！

思ったこと・考えたこと

二村さんはいつか海外ではたらくことにもちょうせんしたいそうだよ！ ぎじゅつを高めるためにがんばっていて、かっこいい！

くせ毛があっても「直さないで」とたのまれることも多いみたい。かい主さんも、その犬のこせいを気にいっているんだね！

やんちゃだったりこわがりだったり、いろんなせいかくの犬がいたよ！ 人間と同じってことだよね。おもしろい！

仕事ファイル 04

スポーツインストラクター

知りたいことを見つけよう!

教えてくれるのは
太田晃輔さん

コナミスポーツクラブ「運動塾」体操スクールのスポーツインストラクター。

お手本を見せるのはなぜ？

どんなことを話しているのかな？

知りたいこと 1

どんな道具を使うのか気になる!

マットがたくさんあるよ!

子どもたちに体そうなどの運動を教えるスポーツインストラクター。
とび箱やてつぼうなどができるようになるだけでなく、
心の成長にもつながるたくさんのくふうを見つけたよ！

 知りたいこと2

どんなふうに
運動を教える
のかな？

 知りたいこと3

どうやったら
運動がとく意に
なるの？

子どもたちは
じゅんばんを
まもって練習
しているね。

服に
つけているのは
何かな？

午後3:00
練習の打ち合わせ

4:00
用具をじゅんびする

4:30
1クラス目を教える

5:30
2クラス目を
教える

6:30
3クラス目を教える

9:30
そうじ

見まわりをしておわり！

スポーツインストラクターの くふうを教えてください

知りたいこと1

どんな道具が ありますか?

年れいや体力によって使う道具や教える運動がちがうので、さまざまなものを用意しています。また、できることがふえるたびにもらえる、むねにつけるワッペンは、子どものやる気を引きだすための大切な道具なんですよ。

使うもののくふう

運動用具

とび箱やマット、てつぼうのほか、フープやへいきん台、ボールやなわとびなどがあり、さまざまな運動にチャレンジできる。

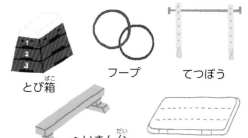

とび箱　　フープ　　てつぼう

へいきん台　　マット

ワッペン

テストに合かくするごとに、1まいずつもらえる。

服

動きやすいユニフォーム。

すべりにくい室内用の運動ぐつ。

じゅ業の流れ を教えてください!

はじまりの あいさつをする

チェック1

じゅんび体そうをする

とび箱を教える

チェック2

チェック1

練習の前後には、用具がこわれていないか、かならずかくにんします。

子どもがけがをすることがないように、かならずかくにんするんですね。

チェック2

練習中は子どもたちから決して目をはなさないようにします。

知りたいこと2

運動を教えるときに気をつけていることはありますか?

子どものいいところをたくさん見つけ、何かできるようになったらいっしょに大よろこびしています。また、運動を通してルールやマナーの大切さをつたえることも心がけています。

子どもへのくふう

いいところを見つける

できたことを具体的にほめることで、子どもの自しんや、やる気につなげる。

うでがしっかりのびてたね!

ルールやマナーを教える

お手本をしずかに見る、練習のじゅんばんをまもるなど、人とかかわるときに大事なことをつたえる。

きちんとならぼう。

ワザのくふう

お手本を見せる

お手本をたくさん見せることで、体の動かし方をイメージしてもらう。

教え方を練習する

スポーツインストラクターどうしで、サポートの仕方や教え方を練習する。

知りたいこと3

子どもが上たつするためのくふうはありますか?

たくさんお手本を見せるようにしています。正しいしせいや動き方を見ることで、ぐっとうまくなるんですよ。もっといい教え方を見つけるために、スポーツインストラクターどうしで練習もしています。

マット運動を教える

チェック3

子どもたちの体調をかくにんする

おわりのあいさつをする

 \ またね! /

安全をまもることは、スポーツインストラクターの大切な仕事なんですね。

チェック3

その子がどこまでできるか見きわめながらサポートをします。

一人ひとりをよく見ているからこそ、ぴったりの教え方ができるんですね。

27

自分だけの
くふうを教えてください

もっと教えて！

見学している大人とは何を話すんですか？

ほご者の方が練習のようすを見にくることも多いんですよ。うまくできたことや、今取りくんでいることなど、子どもたちのようすをこまめにつたえています。いつも来られるわけではないので、電話で話すこともありますよ。みんなでおうえんして、子どもたちのがんばりを見まもり、ささえていくことが、理想ですね。

今日ははじめてとび箱がとべました！

今はさかだちにちょうせんしているんです。

次はもう一つ高い段でやってみましょう。

もっと教えて！

運動をすきになってもらうためにしていることはなんですか？

ときどき、子どもにはむずかしい動きを見せています。それを見て「これができたらかっこいい！」「運動って楽しい！」と子どもたちが感じて、自分からやる気になってくれたらうれしいですね。

28

もっと教えて！

練習で気をつけていることはありますか？

子どもたちの見本となるように、身だしなみにはとても気をつけています。服そうがみだれていると、けがにつながることもあり、きけんですからね。身だしなみを整えることは、マナーとしてはもちろん、運動を安全に楽しむためにも大切なんです。

シャツを出したり、くつのかかとをふんだりしているとあぶないよ。

もっと教えて！

役に立つワザはありますか？

しっぱいするやり方や、子どもたち一人ひとりのくせを、まねすることができます。自分のくせを外から見ることで、どうするともっとよくなるか、気づくきっかけになるんですよ。

まねをするからよく見ていてね。

右ひじが曲がってるんだ！

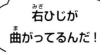

思ったこと・考えたこと

子どもたちがむねにつけているワッペン、かっこいいね！　がんばったせいかが目に見えて、自分に自しんがもてそうだよね。

太田さんは、子どもたち全員に声をかけるようにしているそうだよ。気にかけてくれていることがわかって、安心できるね！

スポーツインストラクターみんなで教え方を研究しているんだって。いいお手本を見せるために、練習しているんだ！

仕事ファイル05
カメラマン

知りたいことを見つけよう!

教えてくれるのは
斎藤愛美さん

子どもの記ねんさつえいを主に行う写真スタジオ「ライフスタジオ」の副店長。

みんな
にこにこ
しているね!

知りたいこと1

さつえいには
何を使うのかな?

さつえいしながら
たくさん話しかけて
いるよ!

大きな
カメラを使って
いるね!

30

大事な思い出を写真にしてくれるカメラマン。
みんなの生き生きとしたえがおを引きだし、よろこばれる
写真をとるためにどんなくふうをしているんだろう？
ここでは、写真スタジオのカメラマンの仕事をしょうかいするよ。

知りたいこと2

カメラマン
いがいの人は、何を
している**のかな？**

服やおもちゃが
たくさんあるよ！
どうしてかな？

カメラマンいがい
にも人がいる！
だれだろう？

知りたいこと3

さつえいするときの
コツはあるのかな？

① 午前8:30
朝ごはんを食べて、
さつえいじゅんび

9:00
開店して、1組目の
お客さんをさつえい

11:00
2組目のさつえい

午後1:00
昼食を
つくる

2:00
3組目のさつえい

4:00
そうじ

お店を閉めておわり！

31

カメラマンの くふうを教えてください

使うもののくふう

カメラ
プロ用の一眼レフカメラを使う。

いしょう
お客さんのきぼうに合うように、そろえている。

おもちゃ
子どものえがおを引きだすために使う。

知りたいこと1

どんなものを使いますか?

小さい子どものさつえいが多いこの写真スタジオでは、さつえいするカメラはもちろん、おもちゃをいろいろ用意しています。とくにぬいぐるみとしゃぼん玉、それにうちわはかかせません。赤ちゃんは、顔をうちわであおぐと、にこっとわらってくれるんですよ。

レンズ
カメラにつけて使う。遠くをとるものと近くをとるものがある。

服
ヘアゴムを使い、レンズの前にかみの毛がかからないようにまとめる。

動きやすい服。シャツはしゃがんだときに、せなかが出ないように長めのもの。

写真さつえいの流れを教えてください!

どんな写真をとるか決める

チェック1

さつえいをする

さつえいした写真を整理する

チェック2

チェック1

どんな写真にするかまよっている方には、さつえい時間やお子さんの年れいなどをふまえたアドバイスをします。

1回のさつえいには1時間いじょうかかるんですね。

チェック2

多めにさつえいして、その中からおわたしするものをえらびます。

知りたいこと2

カメラマン いがいの人がいる のはなぜですか?

さつえいは、カメラマンとそのほかのスタッフが協力して、お客さんがきんちょうしない空間をつくることが大切だからです。お客さんのいい表情をとりたいですね。

お客さんへのくふう

役わりを分けてさつえい

お客さんのあんないやさつえいのもりあげ役などをたん当するスタッフもいる。和服を着るときは、着つけの先生と協力。

チームワークを高める

昼食は交代で手づくりしている。日ごろからいろいろな場面で協力しあっていると、さつえいもスムーズにできる。

ワザのくふう

クイズやゲームでえがおに

「ママのすきな食べものは?」「ほいく園では何組さんかな?」などと声をかけながら、えがおを引きだす。

ゴリラ組さん かなー?

ちがーう!

さつえいのときに 言ってみよう!

子どもの目線に立つ

子どもの間で、はやっている歌やキャラクターをチェックする。

ピーマン たいそう!!

知りたいこと3

子どもを さつえいするコツは ありますか?

クイズを出したり、おもしろい動きをしたりして、さつえいを楽しんでもらえるようにしています。楽しいきもちはとびっきりのえがおになって表れますから。さつえい自体もいい思い出になればうれしいですね。

写真のデータを 記ろくする

CD-R

写真を お客さんに見せる

チェック3

アルバムなどのグッズに する写真を決める

いい思い出が できたね!

いい表情の写真をてきぱき見きわめるんですね!

チェック3

写真のデータを音楽と組みあわせて、スライドショーにします。気にいってもらえればデータをおわたしします。

写真がぐっとすてきになって、お客さんはうれしいですね!

自分だけの くふうを教えてください

もっと教えて!

上手な写真をとる
ほうほうを教えてください!

たくさんコミュニケーションをとって、相手を知る努力をすることです。はじめて会った人ともこわがらずにかかわっていくうちに、きっと相手のいい表情を引きだせるようになりますよ。

サッカーの
話をしていると、
いいえがおだな。

すきなものの
話ならわらって
くれるかな?

なんの
キャラクターがすき?

近づいたほうが
いい表情!

もっと教えて!

じまんの道具は
ありますか?

スタッフの「似顔絵スタンプ」です。CD-Rを入れるふくろに、たん当したスタッフのスタンプをおします。イラストはわたしがかきました。写真をあとで見るときに、さつえいのことを思いだしてくれるといいなと思っています。

さつえいで大切にしていることはなんですか？

まずはお客さまにとって心地いい時間をつくることです。ポーズや表情などに自分なりの理想のイメージをもつようにしていますが、あまりこだわりすぎると、お客さまに楽しんでもらえないことも。一人ひとりに合わせて、ベストを見つけることが大事ですね。

こんなイメージでとりたいけど、少しポーズをかえて……。

いつも明るくさつえいするためのくふうはありますか？

朝の打ち合わせのとき、「今日もがんばりましょう！」などとその日の目標を言ってから、「ハッピー！」とみんなで声をかけあいます。さいしょは「形からでも元気を出そう」と始めた取りくみでしたが、本当にしゃきっとしたきもちになるんですよ。今ではすっかり朝のしゅうかんになりました。

ハッピー！
ハッピー！
ハッピー！
ハッピー！
ハッピー！

思ったこと・考えたこと

写真スタジオには、いしょうがたくさん！　お客さんのきぼうにこたえられるように、何十しゅるいもあるんだって。

さつえい中は、みんなにこにこしていたよ。斎藤さんは「毎日わらってすごせるこの仕事がとても楽しい」とうれしそうだった！

どんなにがんばっても同じ写真は二度ととれないんだって。その場に合ったさつえいほうほうを見きわめる力が大事なんだね。

洋服屋さん

試着室

知りたいことを見つけよう！

教えてくれるのは

井原香子さん

「グローバルワークさいたま新都心店」の店長。

お客さんがうれしそう！

ズボンがたくさんある！

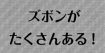

知りたいこと 1

どんな道具を使うのかな？

何を見せているのかな？

売っている服と同じだ！

36

おしゃれな服やアクセサリーがそろった洋服屋さん。
服の色や形などのコーディネート（組みあわせ）や
着こなしのアドバイスをしながら、商品を売っているんだ。

どんな話を
しているの
かな？

知りたいこと**2**

どうやってお客さんに
おすすめするのかな？

いろんな色の
服が
あるよ！

知りたいこと**3**

服のならべ方は
決まっているの？

一日の流れ

1 午前9:30
開店のじゅんび

10:00
開店

11:00
とどいた商品を
整理する

午後**1:00**
交代で昼食

4:00
商品を取りよせる

8:00
そうじ

お店を閉めておわり！

37

洋服屋さんの くふうを教えてください

知りたいこと1

どんなものを使いますか？

お店のホームページにすぐにつながるタブレットを用意しています。コーディネートや色ちがいの見本写真をお客さまに見せて、着たときをイメージしてもらいやすくするためです。商品をきれいにたもち、よりみりょく的に見せるねんちゃくクリーナーもよく使います。

使うもののくふう

タブレット
コーディネートの見本などが見られる。

ラベラー
商品につけるねだんシールをつくる。

ねんちゃくクリーナー
服の上で転がして、ほこりを取る。

スチーマー
じょう気をかけて、服のしわを取る。

服
店で売っている商品でコーディネートする。

時間ごとにやることが決まっているので、かならず時計をつける。

洋服が売れるまでを教えてください！

商品を見ているお客さんに声をかける

いらっしゃいませ！

チェック1
まずは商品のせつめいをして、きょうみをもってもらうきっかけをつくります。

見ていた商品のせつめいをする

あたたかいんですよ。

お客さんが気になっていることを先まわりしてつたえるんですね。

チェック1

話を聞きながら商品をすすめる

こちらはいかがですか？

チェック2
タブレットで色のバリエーションやコーディネートの見本をさがすこともあります。

知りたいこと2

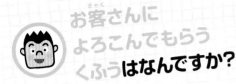

お客さんに
よろこんでもらう
くふうはなんですか？

いいお買いものだったと思ってもらうために、お客さまと話しながら、もとめているものを見きわめています。役立つアドバイスをするために商品の勉強も大切ですね。

お客さんへのくふう

商品をよく知る

一つひとつの商品に対して、見た目、そざい、着心地など、おすすめのポイントを見つける。

かっこいい

ゆったり

ナイロン

あしが長く見える！

やり取りの練習

店員どうしで、お客さん役と店員役に分かれて、話し方やあいさつの練習をする。

春物の服がほしいんです。

ワザのくふう

見え方を考えたならべ方

うすい色から、だんだんこい色になるようにおく。服を見たお客さんにいんしょうをのこすためのテクニックの一つ。

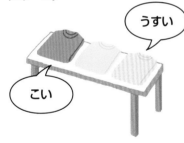
うすい
こい

ズボンは試着室のそばに

見た目でサイズがわかりにくいズボンは、試着しやすい所におく。

着てみようかな！
試着室

知りたいこと3

服をならべるときの
コツはありますか？

合わせやすい服どうしを近くにおいたり、その服がよりよく見える場所においたりしています。お客さまが手に取りやすく、きょうみをもってくれるようにならべ方をくふうしているんですよ。

**試着を
おすすめする**

その場でべつの色やコーディネートが見られてべんりですね！

**ほかの商品とも
くらべてみる**

チェック3

ピンクもありますよ。

お客さまの話を聞いて、持っている服との合わせ方をいっしょに考えます。

**コーディネートの
アドバイスをする**

チェック2

はおってもいいですよ！

買ったあと、どんなふうに着るかイメージしやすくなりますね。

チェック3

ありがとうございます！

自分だけの
くふうを教えてください

もっと教えて！

**お客さんへ商品をおすすめ
するコツを教えてください！**

体形のなやみや着ていく所など、もとめている服や買う目的はみんなちがいます。話をよく聞いて、お客さまのきもちによりそったアドバイスを心がけています。インターネットでも服は買えますが、せっかく店に来てくださるのですから、きたいにこたえたいですね。

さいきん
おなかが
きつくて……。

パーティーに
行くんです。

黒い服ばかりに
なっちゃって。

ウエストに
ゴムが入った服も
ありますよ！

ふだんも
着まわせるものが
よいでしょうか？

小物から明るい
色を取りいれて
みませんか？

もっと教えて！

**店員さんは、お店で
すきな服を着ているんですか？**

お客さまにおすすめしたい服を着ていますね。わたしはワイドパンツという、はばの広いズボンをよくはきます。わたしと同じように、身長がひくめの方はさけがちな服ですが、実さい着ているすがたを見て、「自分もちょうせんしてみよう」というきもちになってもらえたらうれしいですね。

あんなふうに
はいてみたい！

いらっしゃいませ！

もっと教えて！

センスを身につけるために
していることはありますか？

ふだんから、ざっしやSNSでたくさんの
コーディネートを見て、流行をつかむよう
にしています。また、よりみりょく的な服
のならべ方のアイデアを考えるために、ほかのお店
を見にいき、さんこうにすることもあるんですよ。

もっと教えて！

きもちよく買いものを
してもらうための
くふうが知りたいです！

お客さまと話しているときはもちろん、お
店にいるときは、つねにえがおをたやさな
いことですね。えがおにもしゅるいがあっ
て、場面に合ったしぜんなえがおでいられるように、
店員どうしで練習もしています。

口の両はしを上げる	明るくにこやかに	歯を出してわらう

ふだんお店に いるとき	お客さんに 商品のせつめいを するとき	お客さんと 話すとき

思ったこと・考えたこと

お店には洋服がいっぱい！　一日
に380点くらいとどくんだって！
お客さんがもとめるものがいつで
もそろうようにしているんだね。

お客さんが「また井原さんにコー
ディネートしてほしい！」と来るこ
ともあるそうだよ。お客さんにし
んらいされていて、すごいね！

今はインターネットで服を買う人
も多いから、「またお店へ行きた
い！」とお客さんに思ってもらえる
ようにくふうしているんだね。

グループで協力して
ほうこくする文章をつくろう！

ダイチさん、ユウマさん、ハルナさんは、「仕事のくふう」を
見つけるために、グループになって美ようしの仕事を見学したよ。
わかったことは、3人でもぞう紙にまとめることになったんだ。

ステップ1

みんなは、どんなことに注目したのかな？

美ようしを
見学したよ！

3人のメモを
見せあおう。

ハルナのメモ

使う道具
・いろいろなはさみがある
・くしやブラシを使いわける

★インタビュー
かみのじょうたいをかんさつして、
使うはさみをかえる。
人によってちがう、かみの
くせに合わせた切り方をする。

ダイチのメモ

お客さんのためのくふう
・飲みものやざっしを出す
・しゅみなども、記ろくしておく

★インタビュー
お客さんにきもちよくすごして
もらうためのくふうをしている。
会話からきぼうを聞きだしたり、
表情をよく見て、気にいって
いるかなどを感じとる。

ユウマのメモ

かみがたを上手に仕上げるには
・ぎじゅつを身につける練習をする
・かみのくせなどを教えあうチームワーク
・お客さんのかみの毛をじっくり見る

★インタビュー
お客さんのきぼうをかなえるため、
ぎじゅつを身につける。
シャンプーなどの知しきを身につける。

3人のわかったことを
うまくまとめられるかな。

わかったことが
みんなちがうね！

じゃあ、まずは
話しあおう！

ステップ2

まとめ方を相談しよう！

グループでまとめるときは、
その内ようをみんなで話しあおう。
内ようが決まったら、もぞう紙に
書くたん当をふりわけよう！

二人とも美ようしが
お客さんをよく見ている
ことをメモしているね！

同じことに
気づいたんだ！

① 調べたことを出しあおう

調べてきたことや思ったことを、グループ内で一人ひとり発表しよう。聞いている人は、にている内ようや、ほかのグループにつたえたいと思う内ようをさがしながら聞こう。

② 内ようを決めよう

みんなで相談して書く内ようを決めよう。グループでもぞう紙を書くときは、にている意見は一つにまとめて、内ようが重ならないように気をつけよう。

········· 書く内よう ·········

❶ 調べた理由

❷ 調べたこととそのほうほう

❸ 調べてわかったこと

わかったこと（1）

お客さんに、きもちよくすごしてもらうためにくふうしていた。

わかったこと（2）

にたような道具でも、使いわけている。

わかったこと（3）

お客さんとの会話や見た目から、いろいろなことがわかる！

③ たん当を決めよう

もぞう紙に書く内ようと場所、書く人を決めよう。それぞれ小さめの紙に書いて、あとでもぞう紙にはりつけてもいいよ。

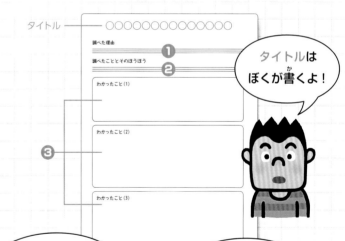

タイトル

○○○○○○○○○○○○○

調べた理由 ❶

調べたこととそのほうほう ❷

わかったこと（1）

❸

わかったこと（2）

わかったこと（3）

タイトルは
ぼくが書くよ！

❶と❷はみんなの
意見をまとめて書こう！
❶はユウマさん、
❷はわたしが書くね。

❸は、それぞれ自分の
わかったことや
感じたことを書こう！

43

ステップ3

もぞう紙に
まとめるコツを
つかもう！

もぞう紙は、黒板や教室の
かべにはって、みんなが見るものだね。
もぞう紙ならではの、わかりやすく
書くためのコツをまとめたよ。

> 後ろのほうの
> せきの人にも
> 見えるかな？

コツ① 大きな字ではっきり書く

遠くからでも見えるように、大きな字で書こう。
また、大きくても細すぎると読みにくいね。字の太さにも注意しよう。

コツ② 「かじょう書き」にする

文章をつなげて書くのではなく、行をかえて
区切って書くと、ぱっと見てわかりやすいよ。
①などの番号や、●などの記号を頭につけよう。

> **わかったこと（1）でやってみた！**
>
> きもちよくすごすためにしていることって？
> ① たいくつさせない。 ② 楽しく会話をする。
> ③ きぼうをかなえる！

コツ③ 「表」にする

表は、かんけいすることばや文を、わ
く組みの中に整理して見やすくしたも
の。かんけいすることばを整理するの
にべんりだよ。

> すっきりして
> 見やすくなった！

> **わかったこと（2）でやってみた！**
>
> | 道具の名前 | なんのために使う？ |
> |---|---|
> | はさみ | かみの長さをかえる。 |
> | すきばさみ | かみのりょうをへらして、軽くする。 |
> | くし | かみをとかしたり、分けたりする。 |
> | ブラシ | ドライヤーでかわかすときに、かみをまっすぐのばす。 |

コツ④ 「図」にする

絵とことばを組みあわせて、
図をつくってみよう。図に
してせつめいすると、わか
りやすいよ。

> 一目で
> イメージが
> つたわるね！

> **わかったこと（3）でやってみた！**
>
> お客さんとの会話や見た目からわかること
>
> ❶ かみのくせ → その人に合う切り方
> ❷ 表情 → お客さんのきもち
> ❸ 顔の形 → にあうかみがた
> ❹ 服そう → すきなふんい気
> ❺ 会話 → かみがたのきぼう

> 朝、起きるのが
> たいへんなの。

44

ステップ**2**で決めたことや、ステップ**3**で整理したことをもぞう紙にまとめてみよう。

このシリーズでは、さまざまなタイプのほうこくする文章の書き方をしょうかいしているよ！いろいろなまとめ方にチャレンジしてね！

美ようしの仕事のくふう

○○小学校 3年1組　田島 大地、山中 悠真、大塚 陽菜

1. 調べた理由

通学路にある美よう室は、外から見ると仕事をしているようすが見られます。町で人気がある美よう室なので、一度、中をのぞいてみたいなと思い、調べてみることにしました。

2. 調べたほうほう

10月2日、美よう室「HAIR en」に見学に行って、店長の矢野孝幸さんに話を聞きました。そして、矢野さんの仕事を見せてもらい、気づいたことをしつ問しました。

わかったこと(1)

お客さんがきもちよくすごすくふう

美ようしは、お客さんに長い時間をきもちよくすごしてもらうためにくふうをしていました。

① たいくつさせないためにすること
ざっしや、飲みものを出す。

② 楽しい会話のためにすること
しゅみなどを記ろくしておいて、次にお店に来たときに会話のきっかけにする。

③ きぼうをかなえるためにすること
練習をしてぎじゅつをみがく。シャンプーなどについて勉強する。

> わかりやすくかじょう書きにしたよ。

わかったこと(2)

道具を使いわける　早く、きれいなかみがたにするため、いろいろなしゅるいのはさみを使っていました。

名前	使い方	
細かいすきばさみ	かみのりょうを少しへらすことができる。	
あらいすきばさみ	かみのりょうを一度にたくさんへらすことができる。	
長いはさみ	一度にたくさん切れる。長さをかえるときなどに使う。	
短いはさみ	細かい所を切る。仕上げるときなどに使う。	

> 写真と表を組みあわせてみたよ。

わかったこと(3)　お客さんとの会話や見た目からわかること

朝、起きるのがたいへんなの。

① **かみのくせ** → その人に合う切り方
② **表情** → お客さんのきもち
③ **顔の形** → にあうかみがた
④ **服そう** → すきなふんい気
⑤ **会話** → かみがたのきぼう

> 大きな字で読みやすい！

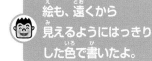

> 絵も、遠くから見えるようにはっきりした色で書いたよ。

45

おれいの手紙の書き方

見学のあとにその場でおれいを言うのは
もちろんだけど、かんしゃのきもちを手紙でつたえよう。
もらった人のきもちを考えながら書くといいね。

見学のあとに
役に立つね！

書き方①
ていねいに書こう

手紙は、ていねいな字で書くと、相手にきもちがつたわるよ。また、手紙の用紙に、色えん筆でうすく絵をかいたり、かざりのわくなどをつけたりすると、もらった人もうれしいきもちになるね！

書き方②
見学のおれいを書こう

手紙のはじめには、まず、かんしゃのきもちをつたえよう。相手は仕事でいそがしいときに、時間をつくって見学させてくれているよ。そのことを考えれば、しぜんとかんしゃのきもちがわいてくるね！

書き方③
感じたことを書こう

話を聞いて、とくに感動したこと、自分のためになったこと、役立てたいと思ったことなどを書いて、相手につたえよう。きちんと話を聞いてくれていると、相手もうれしいきもちになるよ。

 書いてみたよ！

 きれいな字だね！

ポイント！
お店の名前や、人の名前は左上に書こう。

ポイント！
とくに感動したことや、自分のゆめなどと重ねて、感想を書いてみよう。

ポイント！
ていねいな字で書くと、相手も読みやすいし、かんしゃのきもちがつたわるね。

ポイント！
自分の名前は右下に書こう。

> グローバルワーク　井原（いはら）さんへ
>
> 先日は、お店を見学させてくださり、ありがとうございました。わたしもおしゃれが大すきなので、大人になったら洋服屋さんではたらきたいと思いました。教えていただいたことをおぼえておいて、わたしもお客さんをえがおにできるような店員になりたいです。
>
> ○○小学校　3年1組　大塚陽菜

 かざりがすてきだね！

手紙をかざるアイデア 自分のすきなように、線やもようをつけたり、絵をかいたりしよう。

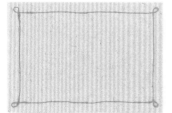

 これでできた！

きもちがつたわる
手紙になるといいね！

心がこもった手紙をありがとう！

さくいん

監修 岡田博元
(お茶の水女子大学附属小学校)

千葉県生まれ。文教大学教育学部初等教育課程、埼玉大学大学院教育学研究科を修了。専門は国語科教育学、臨床教育学。国語教科書編集委員(光村図書)。

イラスト	オカダケイコ
キャラクターイラスト	仲田まりこ
デザイン	山﨑まりな (chocolate.)
編　集	西野 泉、豊島杏実、 久保緋菜乃、戸辺千裕、木村舞美(ウィル)、 平山祐子、小園まさみ
校　正	文字工房燦光
取材協力	株式会社 帝国ホテル、HAIR en、HONDEHOK、 コナミスポーツ株式会社 (コナミスポーツクラブ青葉台「運動塾」体操スクール)、 ライフスタジオ、株式会社アダストリア

＊この本のイラストは、実さいの店やしせつのようすと、ちがう場合があります。

調べてまとめる! **仕事のくふう④**

ホテルスタッフ・美ようし・洋服屋さんなど　楽しいくらしをつくる仕事

発　行	2020年 4 月　第1刷 2024年 10 月　第2刷
監　修	岡田博元 (お茶の水女子大学附属小学校)
発行者	加藤裕樹
編　集	片岡陽子
発行所	株式会社ポプラ社 〒141-8210　東京都品川区西五反田3-5-8 ホームページ　www.poplar.co.jp
印刷・製本	TOPPANクロレ株式会社

ISBN 978-4-591-16540-9　N.D.C.375　47p　27cm　Printed in Japan

P7213004

調べてまとめる！ 仕事のくふう

全5巻

監修：岡田博元（お茶の水女子大学附属小学校）

小学校低学年〜中学年向き
各47ページ
AB判　オールカラー

図書館用特別堅牢製本図書